Marcas Mac an Tuairneir

Deò

Marcas Mac an Tuairneir

Grace Note
Publications

Chaidh Deò fhoillseachadh an toiseach
le Grace Note Publications ann an 2013.

GRACE NOTE PUBLICATIONS
Grange of Locherlour
Uachdar Thìre mu Chraoibh
Siorrachd Pheairt PH7 4JS, ALBA
Post-dealain: books@gracenotereading.co.uk
www.gracenotepublications.co.uk

LAGE/ISBN 978-1-907676-39-0

Chuidich Comhairle nan Leabhraichean am foillsichear
le cosgaisean an leabhair seo.

Tha clàradh CIP dhan leabhar seo ri fhaighinn bho
Leabharlann Bhreatainn.

Do mo phàrantan
Tèrag agus Peadar
a chuir am blas nam bheul
is deò nam chridhe.

A Mhoire mhìn-gheal, a mhèinn nan gràsan,
Do dh'aona Mhac Dhè bu tu fhèin a mhàthair:
Stiùir mo cheum-sa tro rè mo làithean
Air sligh' an dòchais gu sòlas Phàrrais.

CONTENTS

Mu dheireadh, chuireadh ìmpidh orm,
Leis a' chiad fhoillseachadh san sgeilp.
An deò do sholais, a shoilleirich
Na dàin eile ann an sreath.
Na clachan mo rann-chàrn

Deò

s. f. Breath. 2 Air. 3 The vital
spark, life. 4 Ray of light. 5
Vision

Deò – Rò-Ràdh

Cruinneachadh ùr bho bhàrd ùr òg – agus a' chiad leabhar dhen t-seòrsa bho Grace Note Publications. Dè an còrr a tha a dhìth air saoghal litreachas na Gàidhlig. Tha seo uile na chomharra air fàs: ann am misneachd agus toradh na misneachd sin.

Bha mise air leth fortanach gun d' fhuair mi ro-shealladh air obair Mharcais thar an dà bhliadhna a dh' fhalbh; gheibh sibhse a-nise an tlachd sin is i cruinn còmhla is a' sireadh beòthas ur leughaidh ann an 'Deò'. Bheir na dàin seo a dh'iomadach staid is suidheachadh sinn, is nì iad sin ann an cainnt bhrìghmhor, iomchaidh.

Tha eagal is dorchadas is aithreachas rim faotainn ach cuideachd toileachas, is dòchas is miann air saoghal nas fheàrr. Coinnichear ris a' ghaol gu tric. Mar as dual dha, leigidh a nàdar caochlaideach leis a bhith feargach no mì-riaraichte, fiù 's air chall uaireannan ann an saoghal nach tuig e, ach cuideachd cuiridh e an cèill mathanas is sradag an aoibhneis is iongnadh air cho mòr, domhainn is a chaidh a dhùsgadh bho a shuain thlàith.

Tha e follaiseach gu bheil daoine cudromach dhan bhàrd seo: caraidean; leannain; seann leannain; teaghlach is nochdaidh e a spèis dhaibh, ged is ascaoin sin air uairean dha, ach chan fhaod duine dhiubh sin a chuingealachadh, saoraidh spiorad na bàrdachd na dh' fheumar.

Ma tha poilitigs a' nochdadh 's ann airson toirt oirnn beachdachadh ann an dòigh nas critigiche air seòl na dùthcha sa, camadh a sluaigh san dàrna deichead san 21mh linn. Dè tha ceadaichte dhuinn smaointinn, a dhèanamh, iarraidh gu pearsanta is gu poblach. Gheibh sinn sealladh on taobh a-staigh air cuid dhe na ceistean seo agus cuideachd le lèirsinn a' cheum air falbh. Thèid sinn a Shasainn, a dh'Èirinn nam filidh, dhan Spàinn theth shoilleir, dhan Ghrèig o shean – co-dhiù ann an samhla; agus a dh'Obar Dheathain a bhrosnaicheas feum is liut air sgrìobhadh ann an cridhe is eanchainn Mharcais. Thig adhartas air na comasan sin is thèid an cur gu dùbhlan fa chomhair sgrìobhadairean eile – iad fhèin is gach *ego* – ann an

Deò – Foreword

A first collection from an up and coming young poet – and a first book of this type from Grace Note Publications. This is exactly what the current Gaelic literary world requires. Developments such as these are a tangible confirmation of fresh growth and diversity, and a testament to increased confidence in the language and what that can create.

I was privileged to be given a sneak preview of Mark's work in progress over the last two years or so; you now have the pleasure collected here in 'Deò' and desirous of your active reading.

These poems take us to many places, both physical and emotional, and they do so in carefully crafted apposite language.

Fear, darkness and regret are there but also joy and hope and pursuit of a richer world. We often meet love. As is her wont, her capricious nature reveals anger, dissatisfaction, bewilderment even, that she is not properly understood. She is also though capable of forgiveness, of falling head-over-heels, and does not conceal wonder at how deeply she has been stirred from placid repose.

It is obvious that people and are crucial to this poet: friends; lovers; former lovers; family, and he shows them due respect - although this be painful - but none may compromise his work, the spirit of poetry liberates the essential.

If politics appears, it does so, such that we may take a more critical look at Scotland's direction, society's preoccupations in the second decade of the 21st Century: what is acceptable for us the think, to enact, to wish for personally and publically. Some of these subjects are explored intensely from 'the inside', others benefit from the perspicacity distance bestows. We journey to England, Ireland of the 'Filí', to hot clear Spain, to ancient Greece – at least metaphorically; and to a contemporary Aberdeen which nurtures both the need and tools to write in the heart and mind of Mark Spencer-Turner. He hones his skills

saobhaidh dhian shuilbhir. Sàbhailidh Marcas Mac an Tuairneir air a sin agus air droch amharas 'A' Ghàirnealair', is thig òrain bhuaithe – do Chaitlin is dhan Iolaire is do Shràid bhagairteach Mhic Curtain. Seinneamaid còmhla ris iad! Filleamaid eadar na dàin eile iad, ach an cuir iad rithim is ceòl a bharrachd riutha. Gabhamaid rin 'Deò'.

Màrtainn Mac an t-Saoir, An Cèitean 2013

and accepts the challenge to present his wares to fellow writers – and their egos – in an intense fertile den. He survives this and 'The Gardener's' cool disdain, songs flow – to Kathleen, The Iolaire, and MacCurtain's menacing street. Why not sing them together - weave them in and around the other poems to imbue them with additional rhythms and music! Let's surrender to the vitality of this collection – its 'Deò'.

Martin MacIntyre, May, 2013

Tús

Infancy

Caol-shràid

Do mo Mhàthair is m' Athair

Bidh gach ceum dhem chois
A' leantainn claisean bas mo phàrantan.
M' òrdagan air am freumhachadh
Ann an uaigh gach rud ris an do bhean iad.

'S ann anns na loidhnichean seo,
Saoilidh mi gur e buille shèimh a dh'fhairichear.
Na slighean caola eadar togalaich,
Ri taobh abhainnean.

Uaireannan, nuair a bheanas mi ris na clachan,
Saolidh mi gur e buille shèimh cridhe a dh'fhairchear.
No sreath chasan binne.
Cagaran a' cas-ruith leis na duilleagan
Agus blàthan blàthmhaiseach Bealltainne.

'S e na sràidean sin ar làmh-sgrìobhainn.
'S ann le ar fuil a sgrìobhar
Ar casan, ar làmhan, ar guthan.
Comharraidhean ùra far an robh fir eile mar-thà.
Bidh gach gluasad a' tòiseachadh ùr-sgeulachd.

Snickleway

For my Mother and my Father.

Each of my footsteps
Follows the furrows of my parents' palms.
My toes embedded
In the grave of everything they have touched.

These lines,
They are our streets,
The narrow snickets between buildings,
Beside rivers.

Sometimes, when I touch the bricks,
I think I feel the gentle beating from a heart,
Or streams of rhythmic feet.
Whispers cascading with the leaves
And blushed May blossoms.

Those streets, our manuscript.
And with our blood we write
Our feet, our hands, our voices.
New marks where already there were others.
Each movement sets forth new narrative.

Siubhal

Ceò itealain air a crochadh
Mar sreath sholasan beaga
Aig ceithir uairean feasgar.
A-rithist, am bus a' luasgadh.
Caithidh iad aon air aon.

Nì sgòth neònach brath
Air àite uaigneach.
Tha e bideanach os cionn a' Knavesmire.

Coire mòr Ceridwen a' goil
Is a h-òraidean sgaoilt'
Thairis air dathan an là fo bhàs.

Nam làimh, mo fòn
Muladach is sàmhach,
Mar bhloigh sglèat, a' sealltainn
Gur e socair bho thapag an aog.

Is leughar air an t-sanas naidheachd:
"Tragic Death Boy Left Note".

Journey

Aeroplane vapour suspended
Like fairylights
At four o' clock.
The bus trundles forward.
They dissipate one by one.

Betraying a secret location;
A peculiar cloud,
Conical over the Knavesmire.

Ceredwen's cauldron boiling over;
Her orations led astray
Across the colourwash of this dying day.

In my hand, my phone,
Black and silent,
Like a piece of slate, suggests
Death's just a break from interruptions.

And the news-stand reads:
"Tragic Death Boy Left Note".

Saobhaidh nan Sgrìobhaichean I

Bidh smaoin air a dealbhadh air làr
Is crochaidh i, mar cheò, an seo.
Aig abachadh, bidh bristeadh-solais na glainne
Air a leigeil a-steach, gu sèimh.

Thèid fear seachad air boireannach air staidhre.
Dìrichidh i.
Lùbaidh a chùrsa
     timcheall
          cùile.
               Gabhaidh e ealla.

Buailidh a plathadh
An tacsa leis fhèin.
Is iomlaidear an deàrrsadh ud.
Cromaidh e, le sicean eadar a chorragan.
Tuislichidh a chas air *coda* a dh'fhàg i air a' cheum.

Gun chomas air suidhe,
Taomaidh e smaoin air criomag.

'S aithne dha an oillt;
Leabhran air fhàgail air sgeilp.
Ach cuirear a' ghlas-ghuib
Air an t-saoghal a-muigh.
Chan ann ach an gnogadh;
Tionndaidhear buille na h-eachainne
Mar an sgròbal as cabhagaiche.

Sgrìobhaidh e ann am fànas eadar loidhnichean.
Sgrìobaidh e an làmh-sgrìobhainn.

The Writers' Den I

Thought is sculpted on a dais.
And, here, it hangs like steam.
Harvest comes and the refractions of glass
Are inserted, gently, in.

Man passes woman on a staircase.
She ascends.
His trajectory meanders
                            round
                                    a corner.
                                            He takes stock.

Her glance meets
The buttress of his own.
And that flicker is exchanged.
He descends with a spark between his fingers.
His foot trips on a coda she left on the bottom step.

Unable to sit,
He decants thought onto a scrap.

He has known the dread;
Notebook forgotten on a shelf.
But the world outside
Is ordered into silence.
Only the tapping.
The pulsating synapse is codified
Into hasty italics.

He writes in the spaces between lines.
He chisels at the palimpsest.

Like all virtually ethnic labels, the term 'Gael' cannot, or can nolonger be defined in universally accepted terms. An adequate understanding of the concept would have to take into account practical changes that have eroded or transformed traditional markers of 'Gaelicness'.[1]

[1] Glaser, K. *Reimagining the Gaelic community from Revitalising Gaelic in Scotland* ed. Mcleod, W. (Edinburgh: Dunedin Academic Press) 2006.

Sluagh-ghairm

Nach cuimhnichear Mairearad Nì Lachlainn
A thiodhlaic sibh bun-os-cionn,
Leis an fhòid san amhaich gus a rannan
A chumail, gu sìorraidh, ciùin?

San là 'n-diugh tha ar sgrìobhaichean balbh,
A' seachnadh dealbh eagal ar sluaigh.
B' fheàrr leotha cleasaichean bhith annta,
Aithisg fìrinn fìr eile a dhèanamh.

'S na sgrùdairean a' cronadh as coireach,
A' tagairt nach eil ciall air ar cainnt.
Faclan ar dàintean 'caillte san tionndadh',
Ge b' e dè cho foghlamaichte is foillsichte 's a tha iad.

Nochd iad aig ar bainnsean le casaid,
Shearmonaich iad pàirteachadh bhon chùbaid,
Le am 'faclan Dè' fasan-theangaichte,
A rèir gràin seanaidh linntean air ais.

Ach, tha làithean nan seachdadan seachad,
Chan iarr mi maitheas le geilt,
Chan iarr mi moladh urracha-mòra,
No àite an leabhar nam bàrd.

Cha dhaibhsan a tha mi a' sgrìobhadh,
Ach do fhleasgaichean bàna, diùid,
Sgaraicht' eadar clòaid leis an aodach
Is clòsaid eile leis a' chac.

Battle-cry

Don't you remember Mairearad Nì Lachlain,
Who you laid, face down, in the tomb?
With the sod in her throat, to keep
Her verses, eternally, down?

Nowadays our writers are silent,
Fearful of the label of our kind,
Preferring to be actors instead,
Or report the truths of others.

It's critics to blame and their complaining,
Claiming no meaning to our words.
Our output 'misplaced in the rendering',
No matter how published or learned.

They turned up at our weddings in protest,
They preached partition from the pulpit,
Their words of God, fashionably fitted,
To the whim of some synod of the past.

Well the seventies are long over,
I won't plead forgiveness with guilt,
I won't court the establishment's praise,
Or a place in the poets' pages.

It's not for them that I'm writing,
But for the timmering, gentle lad,
Stuck between one closet with the clothing
And another closet[1] with the crap.

---

[1] In Islay 'clòsaid' equates the W.C. as opposed to the usual 'taigh-beag', elsewhere.

Cuarsgag Ghaoil

Lovecycle

The fact that homosexuality resides outside the paradigm for the 'Gaelic man' and that it is preached against from the pulpit, is reason enough to expect negative stereotyping. [... Poetry] is intrinsic [...] simply because it is the only significant extant literature to discuss the concept in Gaelic. No socio-linguistic research has yet been completed on how gay people in the speech-community articulate their sexuality in Gaelic, as much as it would seem to be extremely necessary [...][1]

---

[1] Mac an Tuairneir, M. *Gèidh / Gàidhealach*, Forthcoming.

Muir

Smaoinich mi air falt liath-bhàn do chinn
Agus shiubhail mi muir mo mhac-meanmna.
Air beulaibh nan uisgichean as aibheasaiche,
Iomadh bothach tuirc-gorm,
A' rusal air cladach de dh'airgead.

Tha thu a' siabadh clach às dèidh cloiche,
Fada bhuat, gu fàire.
Gach tè nas truime;
Na dòlasan air fògradh bhod chorragan.

'S eagalach dhomh, gun tèid do bhròg air adhart.
Mise gun smachd air do ghluasad.

Bu mhiann dhomh do sgèimheachadh
Le fleasg cinnt mo chridhe.
Gus do chumail, le a thromlachd,
Air na gainmhichean sin.

Far am bi thu iomlan nad neo-iomlanachd
Is d' amharc air a' ghrèin,
Do làmh nam làimh,
M' òrdag air d' òrdag.

Sea

I pictured the pale hair of your head,
And coursed the blue sea of my imagination.
Before the vastest waters,
Countless turquoise shards,
Scraping a silvered beach.

You cast stone upon stone,
Far out, to the horizon.
Each one still heavier;
The woes exiled between your fingers.

I worry that your foot will go forth,
That I'll be powerless to stop your momentum.

My wish, to adorn you
With the pendant of my heart's authenticity.
So its weight holds you there,
On those sands.

Where you are perfect in your imperfection
And your glance, towards the sun,
Your hand in my hand,
My fingertip on your fingertip.

Dùn Èideann

Ciaradh a' liùghadh air an iarmailt,
Is sinne, nar seasamh, a' coimhead thar Dhùn Èideann.

Shreap sinn tulach am measg nan togalach.
Am bealach fiar; roghnaich sinn
Eadar dà shlighe.

Fada fodhainn, bha Waverly sìnte thar an dealbh-tìre,
Le a greimichean a' toirt ionnsaigh air gach toll ri fhaotainn.
Ar leam cia mheud leannan a tha an sin,
A' feitheamh cèile.

Cha ghabhadh stad a chur air mo ghàirdeanan,
Is an sleamhnachadh timcheall do mheadhain.
Dh'fhairich mi anail bhlàth do bhilean
Air taobh m' aodainn fhuair bhàin.

Chuir thu do làmh, gu domhainn,
Ann an clòimh mo phòcaidean
Is chagair thu gun toireadh tu dhachaigh mi.

Edinburgh

Dusk creeping over the firmament,
And we two standing, looking over Edinburgh.

We had climbed a hill amid the buildings.
The pass meandering; we made our choice
Between two courses.

Far beneath us lay Waverley, sprawling across the landscape,
With her tentacles invading every orifice.
I wondered how many other lovers were there,
Waiting for a partner.

I couldn't stop my arms
Slipping around your waist.
I felt the warm breath from your lips
Against my cold, pale cheek.

You placed your hands
Deep into the down of my pockets
And you whispered that you'd take me home.

Aisling Ghaoil

Ghabh mo mheòirean grèim air a'chèidse.
Mo mhaoil dinnte ris an iarann
Is am bruthadh a' togail annta.
Sile a' cruinneachadh air mo bhilean.

Air an taobh eile, bha thu nad laighe.
Cha do ghluais thu d' amharc bhon speur.
Bha thu gun anam is gun deò,
Ri snàmh ann an solas reòthte.

Bha mi a' sgreadail d' ainm,
A' dìobhairt bhiastagan claona a-mach;
An *abortion* dorch ar bristeadh-gaoil,
Fhad 's a rinn falbh tro m' amhach mo chaolan.

Chaidh mi a chòmhdachadh lem sprùilleach.
Is a' leudachdadh mo ghàirdein,
Bha na h-aon mheòirean crìon,
Mar na th' aig a' bhaoibh.

Bha do chorp air iomchar leis an t-sruth,
Mar ceann binn Orpheus.

Vision of Love

My fingers grasped the cage.
My forehead forced against the iron
And the pressure rising within them.
Spittle gathered on my lips.

On the other side, you were lying.
You didn't move your gaze from the heavens.
Moribund and pale,
Floating in the icy light.

I was screeching your name,
Vomiting deformed creatures;
The abortion of our broken love,
As my throat evacuated my gut.

I was covered in my own debris.
And outstretching my arms,
Those same fingers, withering
Like those of the crone.

And your body was carried downstream,
Like the sweet head of Orpheus.

Deireadh

A' tionndadh, shuaineadh mi
le searbh-ràdh sìochainteach na sràid.
Thàladh mi leis an dalladh *titanium*,
Teachd do chlaiginn gealaicht'.
Dhrèanadh gach pòr den tuar òir.
Choinnich mi do chorp.

Sgrùd mi geamhradh d' aodainn phòrsalain,
An glòm-dhubhagan do shùla,
Cha do luaisg an solas-lorgaidh oibsidian
Is ghlacadh mi, neo-theàrainte, nad shealladh.

Chunnaic mi blàths d' fhàilteachaidh,
An tlàths fosgailte do bhois,
Mar a ghreimich thu, gràdhach, air a chorragan,
Is shuidhich thu eadar do ghlùinean e.

Dlùth, do bhilean tiugh air ceàrn uga.
Snìomhte, a chnàmhan stiùirichte mar chnap-starra.
Eadarainn, ar còrd pearsanta sgoilte
Is gun urrainneachd air ràcadh,
Laigh e, brocach, air na leacan.

Finality

Turning, I was subsumed
By the street's silent cacophony.
Magnetised by the titanium glare,
The advent of your bleached skull.
Every pore drained of golden hue;
I had encountered your corpse.

I searched the winter of your porcelain face,
The gaping chasms of your pupils,
Until their obsidian searchlight swung
And I was caught, unprotected, in their prospect.

I observed that familiar embrace,
The gentleness of your upturned palm,
As you reached, tenderly, for his fingers
And placed him between your knees.

Your plump lips pursed on the angle of his collar bone.
His twisted frame; manipulated into the barrier.
Between us; our personal cord fraying.
And no longer capable of word,
It lay, broken, on the flagstones.

Às do dhèidh

Niste, 's e tionndadh bhreugan
A chì mi tro pheàrlainn mo mhiann.
Chan fhaighear ach sgàilean na fìrinn is
Cleasaichean far an do dhealbh mi thu.

Ach 's e a-mhàin m' aodann,
A speuclas air ais,
Prab-shùileach.

Bu mhiann leam gun do thaisbean mi
Roinn rudan eile nam bhroinn.

Ann an gàrradh m' athar, tha flùr
Mar chridhe-chluigean.
Nam phàiste, dhealaichinn na bileagan
A' dèanamh soilleir a chruth.

Ach na bhroinn,
Cha robh ann ach neonitheachd.

Mise Pygmalion.
Thusa m' euchd.
Milleadh anns a' chruthachadh mhithear.

After you

Now I see lies distilled into truth
Through the muslin of yearning.
And all I'm offered are reflections.
Vignettes where I cast you.

Yet it's only my face
That stares back,
Bleary-eyed.

And I wish I had shown you
The many other things inside.

In my father's garden grows a flower,
Pendant and cordate.
As a child I'd prize apart its petals,
Deciphering its structure.

But inside,
There was nothing but nothingness.

I Pygmalion.
You my great work.
Destruction in the frenzy of creation.

Rùisgte

Leacan do rathaidean
Salach le cac nam faoileagan,
Sgeith nan siùrsach air
Sràid a' Mhargaidh.

Thachair mo chas
Ri chasgan chaithte
Taobh a-muigh an taigh-sheinnse gèidh.

Sgiolc mi air fianais shleamhainn
De spòrs dithis eile
Air nach robh mi eòlach
Ach bho chliù.

Is an leithid
A bha nan aodannan ceanalta,
Oidhche an dèidh oidhche.

Feadhainn a phòg mi.
Feadhainn a dhiùlt mi.
Feadhainn ris nach tachair mi a-rithist.

Is am *bouncer* a chuir beannachd orm,
Air m' fhàgail;
An robh e eòlach orm nas mò?
No an craiceann craicte falamh
A dh'fhàg mi,
Nuair a dh'eilthirich mi
Fo sgàil sgainneil
Nach robh mi an dùil idir a sheachnadh.

Unsheathed

Your filthy flagstones are
Soiled with sgorrie shit
And doxy boke
On Market Street.

My foot befell
A cast-off condom
Outside the gay bar.

I slipped on the slimy witness
Of anothers' good time;
Two, I only knew
Through repute.

And their like,
Who were familiar faces
Night after night.

Some, I kissed,
Some, I dismissed,
Some, I'll not know anew.

And the doorman that acknowledged me,
As I left;
Did he recognise me nonetheless?
Or the split skin
I left bereft,
As I shipped out
Under the penumbra of aspersion;
Its elusion, I didn't deign to presume.

Chan eil cuimhne aige a-nis,
No fiù 's agads', a bhaile ghlais.
Is gach turas a thilleas mi,
Tha an t-astar eadarainn
Air fàs nas fhaide.

He had no idea.
Neither had you, dreary city.
And each time I return
The distance between us
Grows deeper.

Obar Dheathain

Aberdeen

Thòisich mi mo chuid fhoghlaim aig Oilthigh Obar Dheathain anns an Fhoghar 2003. 'S e dàimhealachd neònach a tha eadar am baile agus mi fhìn. Chuir mi seachad feadhainn de na làithean as urramaiche san àite sin, ach uaireannan bha làithean doineannach ann cuideachd. Chanainn-s' gu bheil sinn cho caochlaideach ris an aimsir ri chèile, is 's e sin a' phrìomh-fhonn sa bhàrdachd seo. Uisge bho nèamh, deòirean bho na sùilean, solas grian an t-samhraidh agus ann an aghaidhean nan iomadach caraid ris an do thachair mi.

Chaidh trì de na dàintean seo a chleachdadh le Urras Leabhraichean na h-Alba airson a' phròiseact My Favourite Place is tha iad ri leughadh air an làrach-lìn aca http://www. scottishbooktrust.com/my-favourite-place/

I started my education at Aberdeen University in 2003. We have a strange relationship, the city and I. I spent some of the most glorious days in that place, but there were tempestuous days too. I'd say that we're as changeable as the weather with each other; and that's the overriding message in the poetry here. Rain from heaven, lacrimations, and the light of the summer sun and in the countenances of the many friends I made there.

Three of these poems were used by The Scottish Books Trust for their My Favourite Place project and they can be read on their website http://www.scottishbooktrust.com/ my-favourite-place/

Caithris-na-h-oidhche

Bhruadair a-raoir mi gun d' rinn thu caithris.
An t-astar a bh' eadarainn cho tana ri brat,
Meatafor gun deò,
A shuainich mi gu tur.

Mhothaich mi do dhealbh rim thaobh,
A' ruith air raon mhachair do bhalg.
Ràinig e cruinn-mhullaich chruaidh do bhroillich.

An taigh dubh mo chùba,
Cha robh smùid ach fàileadh mo cheòthan,
Is ar dà choinneal, a-nis, nan teine.
Ach 's fuar a bha do chèir bho do chuairt.

Night-Visit

I dreamt last night of your visit.
The distance between us as slight as the sheet,
An impalpabale metaphor,
Swaddling me entirely.

I felt your form beside me.
My mind ran over the machar-plain of your stomach.
It reached the hard domes of your chest.

In the blackhouse of my room,
No smoke but the smell of cigarettes,
And our two candles aflame.
But your wax, still cold from the journey.

Meadhan-Oidhche

Stadhaidh darach buidsich
Na meuran meallach.
Sgapaidh dath guirmein
Tro loch a' mhuilinn chiùin.
Torman a' bhrìosan.
A' siurdanach, bioraidh e prioban
Trast na h-oidhche.

An Leabaidh

Siridh mo làmh rèidh.
Tha obair aice ri dhèanamh.

Tha srianagan air a' bhrat-leapa.
Iomadach gorm,
Tonn-luasgach is sèimh.
Tulgadh loch madainn earraich.

Ach tha uilebheist na laighe fodhpa
Is dh'aontaich sinn gu bheil cairteal na h-uaireach ann,
Mus am bi mi anmoch ach modhail, fhathast.

Midnight

The witch oak outstretches
Her gnarled fingers.
Indigo pigment spreads
Through a motionless millpond.
And the breeze murmurs.
Rattling, she makes flickering pin-pricks
Across the night.

The Bed

My ready hand reaches.
It has work to do.

There are stripes across the quilt.
A multitude of blues
Lap gently.
Undulations of a lake in Springtime.

But a monster lies beneath
And we are agreed that there is still quarter of an hour
Before I am politely late.

Madainn

Gearraidh cùirtean
Riadhan speura ghruamaich.
Ospag; is cuiridh mi car air char,
A dh'ionnsaigh sholais shoillseach,
Cruaidh air na sùilean.
Casan a' tuisleadh tro ghealachd dhall.

Sgrìobaidh peann pàipear,
Fo phlèana a' leigeil fead.
Treòraichidh faclan fèin-shlighe.
Tro fhabhradh sgàile sròil,
Baralaichidh mi an t-sràid.

Morning

Curtain cuts open
A swathe of grumbling sky.
A sigh; and I roll over
Into brilliant light,
Too harsh for the eyes.
Feet stumble through blind whiteness.

Pen scratches paper,
Under a whistling plane.
Words plot their own course.
Through the veil of satin, swirling,
I divine the street.

Camhanach nam Feannag

Bheir feannagan ri rànail camhanach ùr.
Cuiridh mo dhòrn dhùinte taic rim lethcheann.
Nì mo rùdan sgafall dom eanchainn.

Bidh faclan na teachdaireachd bailbhe,
A' beucadh anns an t-seòmar gun àirneis.
Leth-mhiann son allsachd a th' orm,
Bho fhaclan cho trom
Le breith làn geilt.

Is dòcha gum bi tuisge ann a-nis.
Na turasan tarcaiseach.
Am faod sinn siubhal gu h-eisimeileach,
Mar a ruigear an àirde as ìsle?

Mas mì-ghean a mhothaicheadh tu,
Dhèanamaid moladh air rùnaichean a' chiaraidh
Is an uair sin, le gruaidhean tioramaichte,
'S ann còmhla a bhios sinn a' suidhe.

The Crows' Dawn

Screeching crows carry a new dawn.
My temple cushions my clenched fist.
My cerebrum scaffolded by my knuckles.

The words of that silent message,
Bellow in this unfurnished room.
And I half-desire a reprieve
From its words, weighed down
With a decision I have dreaded.

Perhaps you will understand now.
Those despicable journeys.
Can we travel independently,
Now we've reached our anti-climax?

If you can feel this dissatisfaction,
Eulogise twilight's broken intentions,
Then, when your cheeks have dried,
We can sit down, together.

Dorchadas

Cha robh cothrom agam
Fiù 's mo bhaga a thilgeil air an làr,
Mus do dh'fhairich mi
Buille d' an-tlachd.

Ged an là bha làn òir
Is choisich mi sìos an rathad, gu toilichte,
Leis a' bhlàthachd air m' aodann.

Ach bha thu a' feitheamh orm
Is dorchadas mu do chuairt
Na bhroinn an taighe.

B' e seo a' chiad là
A ghabh mi an rathad sin,
Gun phìos glainne àbhaisteach
Gam ghearradh nam bhròg.

Darkness

I didn't even have chance
To cast my bag to the floor,
Before I felt the blast of your displeasure
Came before me.

Despite it being a gold-filled day
And I wandered, down the road, so happily.
With its warmth on my face.

But you were lying in wait for me
Surrounded by darkness
In the bowels of the house.

This had been the first day
That I had wandered down that road,
Without the usual splinter of glass
Pricking in my shoe.

Òrain

Songs

Ann an 2012 fhuair mi cuireadh, bho mo charaid an seinneadair tàlantach Caitlín NicCròin, gus cuideachadh a thoirt dhi is òrain ùra Ghàidhlig, a chruthachadh airson clàradh a dhèanadh i.

Dh'obraich sinn aig astar, leis an teicneòlas; puist-dealain is clàraidhean didseatach nan 'demos', fhad 's a dh'obraich mise, air a' chuid agamsa, ann an Glaschu. Chan eil a' chòir agam sa air an tùsalachd às an d'fhuair na h-òrain seo guth; 's e sin an dleastanas aig an t-sàr-òranaiche PJ Lynch, a thug cead dhòmhsa na lethbhreacan tùsail aige san a chleachdadh mar eadar-theangaichean fa chomhair mo chuid obrach.

'S e dùbhlan a bh' ann a chòrd rium glan, a' fuasgladh nan ìomhaighean iongantach a thugadh dhomh, a bharrachd air leigeil leis na h-ìomhaighean fhèin, tighinn a rèir an eòlais agamsa is mo gnàthasan-cainnte. 'S e gnothach neònach a th' ann an eadar-theangachadh; uairean bidh thu glacte le faiceallachd, a' feuchainn ri cumail dlùth don tionnsgeul, ach an turas sa, lorg mi mo bhonnan ann an snas agus spìonadh, agus a' cruthachadh chuirp ùra leis na cnàmhan a bha air fhàgail. Bhon chiad dol-a-mach chan e eadar-theangachadh facal-air-fhacal a' chùis a-mhàin; gus òran buadhach a sgrìobhadh ann an cànan eile, gu tric, feumar a sgrùdadh tro shùileag a' chultair, no fiù 's tro mhothachadh.

Mar sin, nam bheachd-sa, chan e eadar-theangaichean a-mhàin, no faileasan fhèin, a th' anns na h-obraichean seo; ach co-oghaichean fad às a' siubhal thairis air crìochan cànanach. Tha mi air bhioran an obair choileanta leis a' cheòl a chluinntinn.

In 2012 I was invited by my friend, the talented singer Kathleen Cronie, to help in developing some original Gaelic songs for a recording she is making.

We worked at a distance, aided by technology; emails and digital recordings of demos, whilst my part of the work went on in Glasgow. I cannot take original credit for the feelings and observations out of which these songs were born; they reside solely with the skilful songwriter PJ Lynch, who has kindly allowed me to use his original English-language versions as verso-recto translations of my own work.

I particularly enjoyed the challenge, not least disentangling and digesting the wonderful imagery I was provided with, but also allowing these images, themselves, to resonate with my own experiences and turn of phrases. Translation is a strange business; you err on the side of caution at times, trying to remain faithful to the original, but in this case, much of the time I found myself dissecting and disembowling and creating a new body from dismembered limbs. It is simply not the case of literally translating word-for-word; in order for a poem or a song to sing in another language, it is often necessary to reimagine it entirely through the lens of that culture or even consciousness.

To that end, I don't see this works as being translations; mirror images of eachother, but as distant cousins traversing a linguistic border. I can't wait to hear the finished works put to music.

An Iolaire

Togamaid an acair
Anns a' bhàta òir.
Dùisg am maraich'
Tha sinn faisg air an oirthir.
Anns an Iolaire
Fada bhon chogadh
Gu Leòdhas, mo chridhe 's mo rùn.

Chì sinn na creagan
Ach thèid an long fodha
Dùisg am maraich'
Tha fada na bhroinn.
Sgiathan briste, brùite,
Caillte air a' charraig.
Fada bho Lèodhas mo rùin.

'S mi drùidhte leis an uisge
Glacte leis a' chuan.
'S mi drùidhte leis an uisge
Glacte leis a' chuan.

Cà' bheil an neach-faire?
Cà' bheil an neach-saoraidh?
Daoine gun deoch,
Air èirigh bhon leabaidh.
Uimhir de fhleasgaichean,
Nan laighe san oirthir,
Nach fac' a-rithist Leòdhas mo rùin.

'S mi drùidhte leis an uisge
Glacte leis a' chuan.
'S mi drùidhte leis an uisge
Glacte leis a' chuan.

The Iolaire by PJ Lynch

Pull the Anchors up
On this golden yacht.
Wake this soldier
When nearing the shore.
On the Iolaire,
Far from the war.
To the Islands, we're heading again.

See the Cliffs of Holm,
But this ship's off course.
Call the officers
From down below.
Crushed & broken wings
Dashed on the rocks.
To the Islands we're heading again.

Oh rain will fall on me.
Waves roll over my face.
Oh rain will fall on me,
Waves roll over my face.

Fetch the coastal guards
And the carpenters,
Sober sleeping men
Out of their beds.
Count the young ones,
Who litter the coast.
From the Islands they never will stray

Oh rain will fall on me,
Waves roll over my face.
Oh rain will fall on me,
Waves roll over my face.

Sràid Mhic Curtáin

An tog sinn oirnn,
Air sràid Mhic Curtáin, a Cheit?
Drochaid na Bandan,
'S a-màireach, an tSnaim.
A' cur bàs air an oidhche,
Is grèim air beul na maidne,
Sùilean dubha brùite.
Gabhamaid cuims'.

Cho aotrom
Ris an driùchd, tha 'n t-uisge,
'S am fàileadh saillte.
Cagarsaich a' chuain.
Sràid na beannachd bho Dhia,
Ròsan dearg brèagha.
Chan eil ach an fhuil sa th' againn
A' ruith...

Cà' nist' an t-uisge?
Tha na tuill a-nis fo phathadh.
Làraidh stàin a' boillsgeadh,
Le *gelignite* bhon Chuimrigh,
Còmhdaicht' ler n-aisling.
Meilleachadh an cràidh,
Is bheir sinn saorsa ghlan don tìr.

Grian 'dol fodha san òb
Ach tuill ar dùthcha a' ruith fo phathadh.

Gabh amar airgid,
An allt ar caoinidh.
(Là nan gillean Fèinn,

McCurtain St. by PJ Lynch

Let's take a walk
Down McCurtain Street, my Kate.
While the road from Bandon,
Down to Sneem, can wait.
Killers of the night
Pounce upon the dawn.
Blackened panda eyes
Take aim.

Light as summer dew;
This rain.
Smell the brine.
Murmur of the waves.
God is in this street,
To water the rose tree.
Nothing but our own blood
Bleeds...

Where lies the water,
When wells are parched away?
Tin trucks glisten
With gelignite from Wales.
Wrapped in glad dreams.
Surely, dumb the pain
To gain the freedom of the land.

Sun's comin' down over the bay,
While the water in our wells is drying away.

Bathe in silver rain.
Struck a spring of tears.
(Warriors of the day

A' cur bilean gu fuil an tìr,
Ars òran do mhàthar.)
Dè cho fad 's a thèid thu?
Dè cho fad 's a thèid thu?

Kiss the bleeding ground,
Sang your mothers song.)
See how far you can go.
See how far you can go.

Tumadach

Tumadach, do dheur.
Tumadach, do dhrèin.
Tumadach, do chridhe.
'S an t-soraidh, eadarainn.

Fada, an siubhal.
Fada, a' bhòidse.
Faclan, an dlùths
A chuir Dia, eadarainn.

Tumadach, an dragh.
Tumadach, an gul.
Tumadach, an sgaoim
A chuir astar eadarainn.

Bùirean an fhuinn.
Ciall air an rann.
Bòidheach, do ghuth
'S faclan an òrain.

Tumadach, do cheum.
Tumadach, do dheò.
Tumadach, do bheul
'S cagarsaich, eadarainn.

Fada, an siubhal.
Fada, a' bhòidse.
Fairge is gaoth
Gad iomchar leis an tuil.

Lead by PJ Lynch

Lead in your tears.
Lead in your smile.
Lead in your heart,
As we say goodbye.

The road it winds long.
The road it winds high.
But God only knows
The words we'd confide

Lead in your fears.
Lead in your cries.
Lead in your tears,
That tear me in half.

The roar of your song.
The roll of each line.
Then softly you strum
A sweet lullaby.

Lead in your steps.
Lead in your stride.
Lead in your lips,
Trembling quiet.

The road, it winds long.
The road, it winds high.
But winds only blow
Away with the tide.

An oidhch' a cheumnaich Ciorstaidh

An oidhch' a cheumnaich Ciorstaidh.
Sheas i, stòlda, leis na botannan dubha
Anns an t-sneachda fhuar.
Bha gaoth fhionnar na h-aghaidh
Is a dualan ruadh mar shruth air a gualainn.

Bha i mar shìoga fala
Air an talaimh fhalaimh.
Fuil a sluaigh,
Teth is balganta,
Le eachdraidh a cinnidh
Is an cainnt.

B' ann aice-se bha sgeòil dà sheallaidh.
B' ann aice-se bha briathran gaoil.
B' ann aice-se bha làmhan tiugha
A dhèilig ri èisg san taigh-toitidh.

Thuirt iad nach teireadh i
Na rudan a thuirt i.
Thuirt iad nach òladh i
Ach dh'òl i co-dhiù.
Thuirt iad nach dèanadh i
Na rudan a rinn i,
Ach rinn i agus rinn i nas mò.

The Night Kirsty Graduated

The night Kirsty graduated,
She stood, steadfast, with her black boots
In the frozen snowfall.
There was a chilly wind on her cheek,
And her ruddy curls, streamed over her shoulders.

And she, like a streak of blood
On the barren land.
Her clan-blood,
Calid and brilliant,
With her kin's chronicle
And their cant.

Hers were stories of foresight.
Hers were words of love.
Here were hardy hands
That fingered the fish in the smoke-house.

They said she'd not say
The things that she said.
Thy said she'd not drink,
But drink, anyway, she did.
They said she'd not do
The things that she did,
But she did, then she did some more.

An t-Eilean Sgitheanach

The Isle of Skye

Nam aonar am measg do chàirdean

Sheas mi aig bonn beinn shoithichean,
Geal is soillseach,
Ag èisteachd ris an uisge bhlàth.

Chuir mi cupan air a' mhullach,
Nas fhaisge air nèamh.

Ged a bha thu cho fad air falbh,
Dh'fhairich mi do bhilean.
Sèideag a' lìonadh mo chluasan,
A' sileadh sìos mo mhuineil.

Bha a' bheinn air a togail,
Clach chaol fhliuch,
Air clach chaol fhliuch.
Is thill mo chuimhne gun t-seòmar bheag ud.

Choimhead mi orm fhìn,
Fada os mo chionn,
Nam laighe, troimh-a-chèile, air an leabaidh.

Bha mi fhathast an siud,
Anns a' mhomaid far nach robh fuaim ann,
Ach sgread nam bhroinn.
Is thraogh an dòchas bhuam,
Eadar mo chorragan is m' ìnean.

Chunnaic mi mo làmhan san uisge.
Cha do ghluais iad bho bhonn a' bhobhla.
Cha do dh'aithnich mi idir,
Gun do ghlanadh iad leoth' fhèin.

Alone amongst your friends

I stood at the foot of a mountain of dishes,
White and gleaming,
Listening to the warm water.

I placed a cup on top,
Closer to Nirvana.

And you, so far away,
I felt your lips.
Hissing in my ears,
Trickling down my neck.

The mountain was built,
Slender wet stone
Atop slender wet stone.
And my memory returned to that room.

I watched myself,
From far above,
Lying in disarray on the bed.

I was still there,
Inside the moment without sound
But the screeching within.
And the hope drained from me,
Between my fingers and my fingernails.

I saw my hands in the water.
Unmoved from the base of the bowl.
It hadn't occurred to me
They were, themselves, made clean.

Gairnealair

Shuidh mi air a' bheing;
Theich ceò eadar mo bhilean,
Aignidh, cha mhòr nach robh i
A' measgachadh ris an èadhar fhallain.

Bha thu nad sheasamh san fheur;
An dà chas agad, gu taobh.
An sgàthan m' amaideachd nad shùil,
Do bhòtannan còmhdaichte le poll.

Sgrios mi a h-uile rud an oidhche roimhe.
Cha b' urrainn dhomh an ceangal
Eadar mo chridhe
Mo làmhan is mo bheul
A bhristeadh.

Gardener

I sat on the bench;
Smoke evacuating between my lips.
Almost reprobate in mixing
With the wholesome air.

You stood in the grass;
Your legs apart.
My folly in the mirror of your eye,
Your boots thick with mud.

I ruined all the night before.
I couldn't break
The connection
Between heart,
Mouth and hands.

Uisge Teth

Tha m' fhearg a' losgadh an amair.
Fiù 's an luidhear a' cànran,
Cha tèid aig air an smùid.

Cluinnidh mi do smùc-sa thairis air a' bhalla,
A' caoineadh bliadhna coirbeachd,
Nach b' fheàrr leam a ràcadh.

Tha d' fhadachd air a' chlais,
Treabhte eadar am flat is am bàr.
'S àgh dhut d' fhuasgladh.
Shnàig mi fhìn a-mach air ìnean.

Mun àm a ràinig mi am mullach,
Rinn na bruthaich mo chuairteachadh.
Ballachan an tuill shleamhainn.

A Bhreabadair, am fìgheadh tusa beatha,
Le buill spìonte bho chèile?
Cha ghabh mi grèim air a' ghreallach.

Cha d' rinn mi bhòidse, leis an amas pilltinn.
Tha mi, niste, nam mhurrag, air muir goileach.

Hot Water

This anger scalds the bath water.
Even the air-vent grumbles.
It cannot cope with this steam.

I hear you snivelling beyond the wall,
Mourning that year's decadence
I don't care to repeat.

You long for the furrow,
Ploughed between my flat and the bar.
Lucky you, being extricated.
I crawled out by the finger-nails.

By the time I had surfaced,
The slopes had surrounded me.
The walls of that slippery well.

Weaver, could you have knitted a life
Out of dismembered limbs?
I can't even grasp the entrails.

I did not voyage with the idea of return.
And now I am flotsam on this boiling sea.

Ann an 2012 fhuair mi brath bho chuid ann an Èirinn gun deach dàn leam a thaghadh airson geàrr-liosta na farpais bhàrdachd Comórtas Filíochta an Choirnéil Uí Néill, a bha anns an t-siathamh bliadhna ann an 2013. 'S ann le Conradh Náisiúnta na Gaeilge a tha an fharpais chliùiteach seo, is bha mi air mo dhòigh gun do chòrd an dàn agam ris na breitheamhan Meg Bateman agus Gabriel Rosenstock.

Chaidh mi a Bhaile Àtha Cliath anns a' Ghiblean a' bhliadhna sin, gus mo dhàn a leughadh aig tachartas air oidhche an 19mh. Abair gun robh pròis orm a bhith an cuideachd nam bàrd sgileil a bha an làthair. 'S e oidhche a bha siud nach dìochuimhnich mi gu bràth.

Ged nach ann mu dheidhinn an tachartais sin a tha an dàn sa, bu mhath leam ainmeachadh, co-dhiù, a liuthad duine a bha an sàs anns an oidhche ud; bàird, rianaichean is an luchd-èisteachd uile.

'S e fianais a tha seo uileag, air atharrachadh brìgh fhacail aon uair 's gun tèid an cur ri pàipear is an cur mu sgaoil.

In 2012 I was told my someone in Ireland that one of my poems had been shortlisted for the poetry competition Comórtas Filíochta an Choirnéil Uí Néill, that was then in it's sixth year in 2013. This distinguished competition is that of Conradh Náisiúnta na Gaeilge, and I was overjoyed that my poem had been enjoyed by the judges Meg Bateman and Gabriel Rosenstock.

I travelled to Dublin in the April of that year, to read my poem at their event on the night of the 19th. I was so proud to be in the company of such skilfull poets. It was a night I'll never forget.

Despite the fact that this poem is not, specifically, about that particular experience, I would like to dedicate it, nonetheless, to the many people that had a hand in the night; all the poets, organisers and those listening.

It's testament, all, to how the meaning of words change, once they are put to paper and allowed out into the world.

Fear-faire

Na shuidhe, bha e ciùin san oisean,
Ach dheàrrs fhalt ruadh,
Air a roinn gu sgiobalta,
Tro onfhadh nam frocan pàrtaidh,
A' spreadhadh na cabadaich.

Cha robh aon dàn dha,
Ach air duibhre m' eilthireachd.
A bheatha air fairge,
Glèidhte ann an dìomhaireachd a-mhàin,
Gun neach sam bith a' faighneachd.

Air fhàgail tàmhach,
Feumar a chuimhneachadh,
An-dràst' 's an tlàths na shùilean,
Na làmhan.

Cha dìochuimhnich mi gu dìlean,
Gun do sheòl a shoillse mi gu tìr,
Is an ulbhag an dùil mo shluigeadh.

Lighthouse Keeper

He sat, silent in the corner, yet
His red hair, neatly parted,
Shone out
Through a tempest of party frocks,
Stirring up the chatter.

But no poetry for him,
Until the dusk of my leaving.
His life at sea,
Contained in a single kept secret.
And no-one for the asking.

Left dormant,
Now I want to record
The kindness in his eyes,
In his hands.

Never should I forget.
When the tempest seemed bent on my
engulfing,
His light guided me to his shores.

Cuimhne nan Clach

Agus, mar seo, chaidh mi air cuairt.
A' feuchainn slighe ùr,
Chunnaic mi an sealladh ceudna.

A' coiseachd ri taobh togalach.
Sealladh anadas nan ainmean;
Companaich a dh'fhàs sgìth bhon t-siubhal.
Bheir iad orm ath-thadhal
Air laigse is mo mhearachdan.
Feuchaidh mi na càirn a shealg,
Na tùraichean a stad.
Is iad ag èirigh is ag èirigh.

Cha bhi gach cuairt sìor-uaine,
Ach de chlachan, sìor-atharrachadh.
Cha bhi gach cuairt gad chuairteachadh,
Ach sgaoilteach,
A' teannachadh dealbh-tìre cathaireil.
Chan fhairichear ach faondradh,
Ach bidh slighe shoilleir air thoiseach.
Cruthaichidh do chuimhne dol-a-mach,
Le ceàrn-chlachan taghta.

Cha chaith thu clachan son do sheòladh dhachaigh,
Mar a laigh iad, ciùin, fon chraiceann.
Agus tha iad ann air sgàth do mhiann.
Is mi feumach air sàsachadh bhuat,
Cha bu bhiadh dhomh ach do chlachan.

Ach cha chnàmh mi
Na h-iomallan eagach
De na ceistean air nach dèan mi freagairt.

The Memory of Stones

And today, I went walking.
Trialling a new route: I found
The view was the same.

Walking beside buildings.
Their graffiti spells out the names;
Companions grown tired of the journey.
They compel me to revisit
My inadequacies and mistakes.
I try to reduce these cairns,
To halt the skyscrapers.
Rising, ever rising.

Some mazes are not evergreen,
But made of stone, forever-changing.
Some mazes do not fence you in
But are expansive,
Embracing an urban skyline.
You can only feel that you are lost,
Yet only one, clear, path lies ahead.
Your memory constructs a way out
From chosen cornerstones.

You cannot lay stones to guide you home,
When they lie, unmoving, beneath the skin.
Placed through your intent.
For when I need you to satisfy,
You will only feed me stones.

But I can not digest
The jagged edges of the
Questions I cannot answer.

Clàran flat, cruaidh
D' òraidean.

Bacaidh iad mo nùidheadh.
Nàireach, tha mi bagach;
Cha ghluais mi mar mo chòir.
Bu chòir dhomh ionnsachadh gach fear,
Mar a shuathas iad, a chèile, nam mhionach;
Oir cha leig iad
Le fuigheall an là.

Chan aithne dhut dè cho torrach an laighe,
Cha chuimhne dhut tuairisgeul an crutha.
Ach 's aithne dhomh, gach fear.
Agus cinnt a' bhithealais ac',
M' eu-comas air an cur air falbh;
Cha chuingich sin an dleas,
No an adhbhar a bhith ann.

Na clachan seo, tha iad a' càrnadh;
Neo-thròcaireach nan cruth-atharrachadh.
Mar ghainmheach a' fuadachadh rè,
A' gleidheadh na fliche aice uile.
Is nuair a sgagas an craiceann mar chrè,
Taisbeanar iad le mo chruth clachach.
Mo charago do-reicte.

Cha dèan iad bristeadh air an àite.
Cuirear mi air ais dhan tùs.
Laighidh mi bacte air sgeilp,
Gus do thilleadh son m' ath-librigeadh.

Tionndaidh mo shiubhal gu
Cearcall timcheall do shuidhealachd.
Leònte cheana le sgleogan siubhalach,

The flat, hard tablets of
Your straight-talk.

They hamper the movements.
Embarrassed, I am slow and bumbling;
I cannot move the way I ought.
I must learn from every one, as
They rub together in my gut;
For they will not pass with
The wastes of the day.

You do not consider how hard they lie,
Or remember the intricacies of their form.
But I remember; every one.
And the reality of their existence,
My inability to remove them;
Does not signify their belonging,
Or their justification in being there.

These stones, they are building;
Relentless and transforming.
Amounting to sand, they repel life,
Retain all its moisture;
And when my skin cracks like clay,
My pebble-dashed form reveals them.
My unsalable cargo,

It cannot breach its destination.
I am passed back to the source.
And lie shelved in my detention,
Until you return for my redelivery.

My journey,
My ellipsis around your gravity.
Scarred by previous, passing collisions,

Soilleirichte ann an sreath.
Fuathach, tha mi fuar,
Tarraingeach, is dòthte leis an deàrrsadh.
Tagraidh ar co-thaobhaidhean ceart, seoighnt
Do lasan is diùltadh.

Ach an toir deàrrsalachd do dheàlrachd
An fhìor dhìth bhòidhchid orm?
An e do sgàthan airgid a th' annam?

Uaireannan beachdaichidh mi air do losgadh,
Is ar taisdeal ri chèile.

Samhladh traigideach, saoilidh mi mo mhairsinn;
Rag is aonarach san dorchadas.

That you illuminate in series.
Estranged, I am cold,
Enticed, gradually scorched by the glare.
Our rare, true alignments,
Cause your flare and rejection.

But does your brilliance
Render me less beautiful?
Am I only your silvery reflector?

At times, I surmise your burning out.
Hardened cores together.

Tragic symbol; I ponder, too, my survival,
Stark and alone in my blackness.

Alacant

Alicante

Cathair-eaglais Naomh Neacal de Bhari

Reubadh rùsg a' mheasa bhòcte.
Dhrùis a shugh às, mar shìoga stiogach,
Agus chòmhdaich e
Mo bhilean tioram, sgreagach.

A là 's a dh'oidhche, dh'iadh mi e,
A' sùileachadh a' cheum mu dheireadh;
Dorsan troma, torrach,
Gu sìorraidh tarraingeach.

Dh'aontaich mo bhrù
Le miann mo bheòil;
An teanga bhog a' feitheamh.

Speil mi a-staigh
Spiol mo làmh an doras bhon t-sloc dìosgan.

Lìonadh mo fhradharc leis an neonitheachd.
Brag mo phluisg san fhalamhachd fhuar.

Mo cheann togte,
Dh'fhairich mi sògh mo rùintean
Ag èirigh le eucoir nam peacach.

Pro-Cathedral of Saint Nicholas of Bari

The skin on the swollen fruit split.
Its juices escaped, like a sticky streak
And coated
My parched, dry lips.

The days and nights I had circled it,
Anticipating the final trimester.
Heavy, fertile doors;
A constant seduction.

My belly resounded
With the desire of the mouth.
The tongue, moist at the prospect.

I slipped inside;
My hand prising the door from it's creaking hollow.

My eyes filled with the void,
My gasp echoed in the chilly vacuum.

My head raised,
I felt the luxury of my expectance
Rise upward with the transgressions of the sinful.

Cenicero

Laigh subhailc is dubhailc fon bhàs le chèile
An seo, sa phoit bhig chrèadha.
A' bhàirnis a' nochdadh
Gach
      Ceàrnag
           Fa leth.

Lomaidhean mo pheannsail;
Ceirslichte is breòite.
Mala a' chreutair a'
Faighinn saoirse bhom thoinisg.

Bhristear a-steach don an àit' ac'.
Sgainnirichte le luaithre,
Sneachd dorcha, nimheil,
Falamhaichte bhom bhroinn le casadan is plubraich.

Nach iongantach beachdachadh orra san uaigh,
Trod chreidsinn gum mùch fear am fear eile.
Nach ceadaich fear eile am fear-san.
Ged nach fàg mi glainne caraid falamh,
No nach diùlt mi tè luach tagsaidh dhachaigh.

Dh'fhaote nach toirear urram do na faclan
Ach son an dòigh aca sgrìobhte.

Cenicero

My virtue and vice lie moribund together
In this small pot of clay;
The varnish reflecting
Every
          single
                    angle.

The shavings of my pencil,
Tightly coiled and brittle;
The husk of the creature
Dispatched from my intellect.

Their resting place is the same;
Infiltrated by ash.
A dark, poisonous snow,
Evacuated from my belly in splutters.

How remarkable to observe that shared tomb,
Through the belief that one might stifle the other.
That the other might disallow the one.
Despite never leaving a friend's glass empty.
Despite not refusing a girl taxi fare home.

Perhaps words are only measured
By the way they are written.

Thall' Thairis

Do Mhairead Bennett agus Gonzalo Mazzei

Tha mi a' sgrìobhadh ort,
Fo sholas sèimh na h-uinneige fosgailte.
Tha fàileadh milis an fheasgair,
Lìonte le flùraichean sprìosraichte,
Gam chuairteachadh.

Tha mi am measg d' fhaclan,
Cho torrach le brìgh is bòidheachd.

Chì mi Gàidhlig ann an leabhar eile;
Faclan mo thoileachais an seo,
Còig millean de mhìltean
Bho dhùthaich a tùis.

Is na faclan agamsa a-nis;
Nan tuil nam bhroilleach,
A' bristeadh a' cheangail,
Eadar tìr is ciall,
Gus nach eil ann ach faireachdainn m' fhìrinne
Air a fàgail.

Abroad

For Margaret Bennett and Gonzalo Mazzei.

I write of you
Under the gentle light of the open window.
The sweet scent of the evening,
Laden with spiced flowers,
Encircling.

I am among your words,
So burdened with meaning and beauty.

I see Gaelic in another book;
The words of my happiness here,
Five million miles
From the land of her foundation.

And now my words;
Flooding my chest,
Smashing the bond
Between land and expression,
Until on the sensation of my own truth
Remains.

Ceithir Ceàrnan an t-Saoghail

Do Rhiannon, Robyn agus Sita.

A falt, donn, mar gheanm-chnò,
Sa ghàrradh, fo ghrèin Bhogotá.
Banrigh nam prèiridhean Afraga,
A sheòl an Amason na h-aonar.
Tha a sùilean fuar, tuirc-gorma,
Mar a paidearan timcheall a muineil,
A' sealltainn fada don fhàire,
A' call smaointinn ann an jazz na sèisd.

Ola is grèim dà làimh shèimh
Air colann cruaidh teann.
Measan cian-thìreil sa bhobhla
Is fàileadh cofaidh ròsta.
Stoirm a' dòrtadh a-muigh
San èadhar bruthainneach, tais.
Falt aice, geàrr, ruadh a' boillsgeadh
Solais an lampa mosquito.

Dà chois nan coiseachd
Air sràid fhada, aognaidh, liath.
Buille a' bhodhrain a' sunndadh,
A' tionndadh fhaclan sa cheann.
Mar ghucag sa phinnt Guinness dorcha,
Ag èirigh gu uachdar na cuaich.
Tha a' ghaoth ghruamach, Ghallta
A' gealltainn sneachda searbh bhon thuath.

Caileag sa bhaile Ròmanach,
A' dol seachad bàn-eaglais mhòire.

Four Corners of the Globe

For Rhiannon, Robyn agus Sita.

Chestnut hair in the garden
Under the sun of Bogotá.
Queen of the African prairies,
Who sailed the Amazon alone.
Her eyes are cold like turquoise,
In her pendant around her neck,
Looking out to the horizon,
Losing thought in a jazz refrain.

Oiled, the grip of gentle hands,
On a tense, hard torso.
Exotic fruits in the bowl
And the smell of roasted coffee.
A monsoon rages outside,
In the steaming humidity.
Cropped, red hair reflects the
Light of the mosquito lamp.

Two feet set to walking,
On long, cold, grey street.
The bodhrán beat sounding,
Turning words in the head.
Like the bubbles in a dark pint of Guinness,
Rising to the top of the glass.
The grumbling Lowland wind
Promises bitter snow from the north.

A girl in the Roman city,
Passes the pale cathedral.

Bruadaran air siubhlaichean fada,
Fhad 's a thogadh i seann shlighe chaol.
Duilleagan dealbh-chluiche sa bhasgaid,
Peann glaiste sa bhachlaig.
Cuibhlichean bhaidhsagal rothach
An aghaidh cumhachd gluasad an t-saoghail.

Dreams of far off journeys,
As she turns down a narrow path.
Pages of plays in the basket,
Pen secured by a curl,
The wheels of the bicycle rolling
Against the momentum of the globe.

Saobhaidh nan Sgrìobhaichean II

Seo far am faighear sinn,
An ceàrnag a' bhàir.
Cofhurtail is a' cabadaich
Tro chlamraid na cuideachd.

Abair grèidh èibhinn,
A' sireadh glòir na deimhinnt',
A' lorg ràdh nas dìleant,
Is a' claonadh na fìrinne.

Beathaichean acrasach,
Teannaichte nar fuireach,
Deònach ri leum
Thairis nàistinn mas fheum.

Caithidh madadh-ruadh
Criomag romhainn, air a' bhòrd.
Figheadar ga fhidir
Bho spòg a' bhruic liath.

'S aige san a-nis, is am fios
Gum biadhaich lasair sa chridhe.
Nach bithear a' faicinn, no
Is dòcha gum bithear.

Cat Persianach sìnte ri
Cearc bhreac is mi
Nam choileach-peucaig
Doicheallach, gam faicinn,

A' smaointinn am faigh
Mi tròth mo bheachd a sgiamhail.

The Writers' Den II

Here's where you'll find us,
In the snug of the bar,
Comfortable and chattering
Through the clamour of the masses.

Strange menagerie,
Seeking glory in the definitive
Scrabbling profound statements
No matter the reality warped.

Starving beasts,
Tense in the waiting,
Ready to leap
Over the tribe if it's worth it.

A fox flicks a crumb
On the table before us.
Daddy-long-legs snatches
From a grey badger's paw.

Now it's his, and the knowledge
To feed a spark in his chest
That will never be seen,
Or might be, at best.

Persian cat sitting
With a speckledy hen
And me, a peacock,
Uncertain and watching them.

Wondering if my screech
Will get a turn to have meaning.

Seo far am faighear sinn,
Aig deireadh an là,
Leis an fheallsanachd
Is am faux-fealla-dhà.
A' dèanamh crùban mar fhangan
A' sùileachadh chothrom sa chuaich.

That's where you'll find us
At the end of the day
With the thinking
The forced merry-making,
Like vultures, crouching,
Eyeing a chance in glass

An t-Èireannach

*Identity does not constitute itself through
and isolated process of self-definition, but
instead develops out of mutual interaction with
others, be they individuals, nations, or cultures.*
Michael McGuire 'Cultural Devolutions.'

Chòrd e rium fhaicinn
Le m' fhaclan eadar fhiaclan
Is esan gan cagnadh
Is a' blasad am brìghe.

Briathran a b' aithne dha is
Barailean eile a bhuail
Aghaidh shleamhainn aineolais is
Sgiorr sìos gu bonn a thuigse.

Bha iad cian ged a bh' aige an ciall.

Ach bha feadhainn ann
Aig an robh am blas àbhaisteach dachaigh.
Fàileadh mòna na losgadh air an lic,
Faireachdainn na flinne air bas a sgèith.

Chòrd e rium gaoiseanan
Bàna a bhroillich fhaicinn,
Is an gluasad bìodach
Gam thàladh dha chridhe.

Suas a dh'èirich e,
Le gach slugadh cainnt der sluagh.
Agus sìos, a' gabhail fòis,

An tAlbanach

Air a thionndadh do Ghàidhlig na h-Èireann
le Nicola Ní Charthaigh

Thaitin sé liom é a fheiscint
Le m'fhocla idir a fhiacla
Agus seisean á gcogaint
Is ag blasadh a mbrí.

Focla ar aithin sé is
Tuairimí eile buailte air
Aghaidh séimh an aineolais
Ag sciorradh síos go bonn a thuisceana.

B'ait leis iad cé go raibh an chiall aige.

Ach bhí scata ann
Ag a raibh gnáth-bhlas an bhaile.
Boladh na móna ar lasadh sa tinteán,
Mothú na báistí ar bhos a sciatháin.

Thaitin sé liom na ribí fionna gruaige
Ar bharr a bhrollaigh a fheiscint,
Is a mionbhogadh
Dom' mhealladh chun a chroí.

Suas a d'éirigh sé
Le gach cuid de chaint ár muintir.
Agus síos, ag glacadh sosa,

Fad greiseag shèimh
Is inntinn a' gabhail a socaire.

'S e eud an oileanaich,
Taisbeanadh eòlais a dhèanamh
Don tidsear
Is pròis an eòlaiche,
Dùil an sgoileir a bhristeadh;
A' boillsgeadh meirg a mhearachdan
Air teanga thuigseach.

Gu nàdarra,
Dheàrrs grian mo shòlais,
Bhon ghàire a shnuadhaich m' aodann.
Is aodann-san, a bha aon uair
Mar adhar gruamach
Mus do shoilleirich e mar
Bheul na maidne sa Ghearran.

Cò mise a bhith a' teagasg
Mìon-chleachdainn nan Gàidheal:
Sàbaideachd nan Leòdhasach,
Leis an tuiseal ghinideach.

Rian ainmeachaidh
A rèir sloinnidh,
A rèir cinnidh.

Agus esan Pól
          Mac Pheadair
                    'Ic Phrionsiais.

(No a leithid.)

Ciúin ar feadh tamaillín,
A intinn suaimhneach.

'Sí mórtas an mhic léinn
A chuid eolais a thaispeáint
Os comhair an mhúinteora,
Agus uabhar an eolaí
Mealladh a bhaint as;
Ag tarraingt airde ar gach botún
Le teanga chiallmhar nimhneach.

Ar ndóigh,
Gheal grian mo sholáis
Ón ngáire a mhaisigh m'aghaidh
Agus a aghaidh féin a bhí
Mar spéir dhorcha sular
Thóg sí, mar
Bhreacadh mhaidin Fheabhra.

Cé mise a bhí ag múineadh,
Mion-nósanna nan Gael:
Scéal na bhFiann,
I measc an tuisil ghinidigh,

Córas na n-ainmfhocal
De réir sloinne
De réir cine.

Is seisean Donnchadh
            Dhonnchadh
                  Mac Donnchaidh

(Nó a leithéid)

Ach 's e seo an tràth teachdail
Don Ghàidhealtachd eadarainn,
Is an drochaid mar dhà làimh
A' ruighinn thairis a' chuain.

Is an t-Èireannach sa chlas agamsa,
Le ban-Eadailteach is ban-Ameireaganach
Ri thaobh.

Ach 'sí seo an aimsir fháistineach
Don Ghaeltacht eadrainn
Is droichead ina dhá láimh
Ag síneadh thar an muir.

Is an tAlbanach i mo rangsa,
Le bean Iodálach is bean Mheiriceánach
Lena thaobh.

Helios

Dhùisg mi leis a' ghrèin an-diugh.
Bha i na laighe rim thaobh mar fhireannach;
A bhroilleach còmhdaichte le duilleagan cròcha,
Is aureolae a mhuing ruadh air a' chluasaig.

Thionndaidh e, leòmhann-dhuine,
A' leigeil mèarain-bheuc.
Uachdaire gun thìr, gun shaorsa,
San èadhar chaithte, is iarannan na cèidse.

Dh'iarr mi marcadh ris,
Bhon ear gun iar,

A' faireachdainn tàirneanach
Nan each-grèine aige,
Gun rachadh mi a stiùireadh leoth',
Mar a charbad dhan chamhanaich.

Cha b' urrainn dha leantainn beò
An oidhche m' inntinn.

Nuair a chaidh e à sealladh,
Fon fhairge, gun tilleadh,
Bha creutair claon baois,
Na aonar, san leabaidh ghorm.

Chan fhaca mi a-rithist a chruth uasal,
A chraiceann bàn, deàlrach,
Mar ìomhaigh na Moire,
No Caesar air mo bheulaibh.

Helios

Today, I woke with the sun,
It lay beside me in masculine form.
His chest was covered in saffron,
The aureola of his red mane on the pillow.

He rolled over, man-lion,
Letting roar-like yawn,
Landless nobleman, without liberty,
In the spent air and the cage of iron.

To ride with him, was my desire,
From the east to the west,

Feeling the thunder
Of his solar steeds,
That would steer me,
Like his chariot to the dawn.

But he could not exist,
In the night-time of my mind.

When he was lost from sight,
Underwater, without return,
The half-formed creature of lust,
Lay on blue bedsheets alone.

Never seen again, his noble form,
His pale, luminous complexion,
Before me, like a Caesar,
Or a statue of the Virgin.

Fèille an Loghain

*Modern nationalisms are a defensive movement
against the crude encroachments of civilization -
Franz Kafka.*

A' seachnadh aire an t-sluaigh,
Sheas iad mar gu sìorraidh,
A' sealltainn thairis achaidhean,
Lusan an leanna is eòrna ,

Cnuic dhailean gun ghluasad,
Fraoch, ìmpire-phurpaidh,
A laigheas, nis, croiste le
Rathaidean dubha leathann.

Ceithir cùramaichean buan,
Cuimhneachail is deiseil
An clachan a leagail air
Cinn na h-ionnsaigh.

Ged a bha an tìr bòidheach,
B' fharsaing an eòlas, air
Gortan is fuadaichean,
Is milleadh an fhearainn.

B' iadsan na Fir Fiadhaich Eabhraige,
Beatha-mheudach is fèitheach,
Cumhachdach is pròiseil
Air cathair an àigh.

Jubilee

Unnoticed by the people,
They stood there, eternal,
Surveying the fields of
Golden wheat and hops.

The dales' unmoving hills,
Empire mauve heather,
That now lie crossed,
With broad, black roads.

Four lasting protectors,
Memorial and ready,
To let their boulders descend,
On the envy of invasion.

Though gorgeous the land,
Their knowledge was deep,
Of famine and clearance,
And arable harrowing.

The wild men of York,
Life-sized an muscular,
Powerful and proud,
Of their blessed capital.

Bha làithean gàbhaidh seachad.
Bagairtean bhon tuath,
Sgaoilte leis a' ghaoith,
Bho inntinnean nam poball.

Bho mhullach a' gheata,
Choimhead iad air Alba
Is cèilidh Dhùn Èideann
Do chlann òg a-màireach.

Sùilean gorma boillsgeach,
Falt ruadh sgiobalta,
Ceasnachail, dòchasach
Is bòidheach fon ghrèin.

An i Alba aca-san sìor fhulangaiche,
A' leantainn gun choire,
Le eòlaichean air an call
Is gun a rùn a chur roimhpe?

Chaidh aire nan gleidhichean
A chur air Baile nan
Ròmanach, nan Lochlannach
Is pàistean aona-choltach.

Sùilean glasa boillsgeach,
Falt donn sgiobalta,
Ceasnachail, dòchasach
Is bòidheach fon ghrèin,

Ag ithe curaidh nan Innseachan
Spìos-bhiadh Shìona,
Is bonnachan Eabhraig le
Feòil nam bò tiugha.

Though gone are the days of
Raiding threats from the north,
Disspiated on the wind,
From the minds of the crowds.

From the summit of the gate,
Their gaze looked to Scotland,
And Edinburgh's celebration,
For the children of tomorrow.

Shining, blue eyes,
And tidy, red hair,
Curious and hopeful,
And beautiful in the sunlight.

Was to them, Scotland, victim
Withoust blemish and losing
Its intellectuals; unable
To determine its desire?

Then, to the city of Romans,
And Vikings, the surveillance,
Of the guardians attention
On identical children,

With shining green eyes,
And tidy brown hair,
Curious and hopeful
And beuatiful in the sunlight.

Eating Indian curries,
Spiced food from China,
Yorkshire puddings and
The lush beef of our bovines.

Cha chuinge dhaibh cuimhne
Na seachad, ach saorsa
Dualachd an là,
Is gealltainn tha teachdail.

Not for the them the entrapment
In the memory of the past,
But the freedom of possibility,
And the promise of the future.

Baisteadh

Air aghaidh tuath na h-eaglaise Cuthbert,
Eadar tiodhlachadh nan Iùdhach
Is linn an Rìgh, luasgaichidh
Doras an diabhail, fhosgailte, is
Eilthirichidh fuath mar smùid.

Baptism

At the north face of St Cuthbert's,
Betwixt Jewbury and
King's Pool, swings open
The Devil's door
And hatred seeps out like steam.

Eilthireachd bho Ghlaschu

Sgòthan dubha tuathal
Nan crochadh os cionn Ghlaschu,
Gam bhruthadh dhan a' bhus fo mhallachadh.

Tro shìolan neònach na h-uinneige,
Speur mar shlige ugh tunnaig.
Cèireach is os-nàdarra gorm.

Mar pheantadh Iapanach air
Pàipear fìnealta rusa,
Frèamaichte le fiodh lìomhaidh.

Is fa chomhair nan sgòthan,
Na breacaidhean beaga bàna,
Na sgiathan saorsa,
A' cur misneachd nam cheann.

Escape from Glasgow

Portentous dark clouds,
Hang over Glasgow,
Pressure me to the bus like an anathema.

Though the strange filter of the window,
A duck-egg skin sky.
Waxy and supernatural blue.

Like a Japanese painting
On finest rice paper.
Framed in wood and lacquer.

And against the clouds,
Small white specks,
The wings of freedom,
Place possibility in my mind.

El Camino

Do Karen agus Kerry.

Bha mi a' dol air ais gus seann chàirdean fhaicinn.
Lìonadh mo chluasan le ceòl trom, uasal,
Mar a bha mi an dealbh bho fhilm.
A' dèanamh siubhail chudromaich
Mar bhòidse no eilthireachd.

Ach b' e dìreach an rathad dhaibhsan a thog mi.
Seòladh gu seann dhachaigh a dh'fhàg mi.
Slighe tro bheanntan na h-Alba
Is am mòrachd.

El Camino

For Karen and Kerry.

I was off to see old friends.
My ears, engulfed, with a noble refrain,
As if in a scene from a film.
Making a worthy journey,
Like a voyage or pilgrimage.

But it was merely the road that I took back to them.
The address of an old home, I'd left.
A track through the mountains of Scotland
And their grandeur.

Òran Aost'

B' e iongantas dhomh a chluintinn a-rithist;
Òran aost' a b' aithne dhomh 's mi òg.
B' ann agam bha dùil rudeigin fhaireachdainn
Nam anam,
Nach robh ann nas mò.

Cha robh cuimhne agam air an t-suidheachadh
Anns an robh mi aig an àm.
Cha do mhothaich mi fuachd a' ghaoil neo-dhìolta
A dh'fhàg mi cho airsnealach.

Ceann gun aodann,
Facail gun ghuth
Is ainm nach tig air ais
Don eanchainn

Ach 's ann agam, a-nis,
Am beachd
Gu bheil a' bhreisleachd seachad.

Beò-ghlacadh leanabail
A tha, a-nis, còmhnard,
Gun chumadh.
Mar sheann dhealbh nach eil
Soilleir tuilleadh.

Is tha e gun fheum.

Tha an t-òran, a-nis, falamh,
Mar a' bheàrn bàn nam cheann,
Far am bu chòir do chuimhne bhith ann.

Old Song

I was astonished to hear it again;
An old song of youthful acquaintance.
And my expectation was a sensation of something
In my soul,
That could be felt nolonger.

I had no recollection of the situation
In which I found myself at the time.
Or the chilly sensation of unrequited affection
That left me threadbare.

Faceless pate,
Voiceless expression,
And a name that won't
Bloom in the brain.

And now,
I can't but think
That the delirium is past.

Infantile obsession,
Battered flat,
Without form.
An old photo,
That's faded to nought.

And nolonger needed.

The song is now hollow,
Like the void in my mind,
Where there should be recollection.

Is 's ann agam, am fios,
Gu bheil an gaol an dà chuid
Breugail is baoghalta.

But now the recognition,
That affection
Is both conceited and senseless.

Cùmhant mo chlèibhe

Do Roinn na Ceiltis agus Gàidhlig, Oilthigh Obar Dheathain.

If Gaelic is to grow again, if it is to be a languag with a truly national outlook once more, it requires many cultures. Interpret you home culture and experience your own lifestyle through Gaelic. Cut the leash on the language! –
Clì 'San Dol Seachad', Cothrom, 26, Geamhradh [Winter].

A-nis, 's ann agamsa an dreuchd,
Beannachd ar cànain a sgaoileadh.
Ach tha gach riaghailt ghràmair a' cur
Ar gàire, sa chlas, air ais,
Mar chuimhne nam chluais.

B' eadarainn anabarrachd gaoil,
A bhuail mi gun dùil.
Bu mhise mar choigreach dhut,
Air làrach Pittodrie,
Is thusa nad chailin shearbh sgìth.

B' agad an làmh a-mhàin
A bhean rium cho domhainn.
A chomharraich mi,
Mar bheannachd Chiadain Luaithre.
Samhladh ar dàimh.

B' e atharrachadh
Dod fheallsanachd.
B' e taistealachd lùbach,
A shiubhail mi cas-ruisgte,
Mus do cheumnaich mi am mullach.

Covenant of my chest

For Aberdeen University, Department of Celtic and
Gaelic.

Now the task is mine,
To spread the blessings of our language.
But every paradigm and gloss,
Brings back the laughter of our class,
Like a memorial in my ear.

Ours was a strange attachment,
That broad-sided without expectation,
And I was your interloper
To the realm of Pittodrie,
And you my weather-beaten callen.

Yours was the only hand
That touched so deeply.
That marked me,
Like Ash Wednesday blessing.
Symbol of our attachment.

It was a conversion
To your philosophy.
It was a winding pilgirmage,
That I traveled barefoot,
Until I graduated to the summit.

Uaireannan bha puist-seòlaidh,
Deuchainnean ri choisinn ann.
Làithean a dh'fhairich mi gèile
Neo-dhìleas na dùthcha ùire
A' dòrtadh orm a-mhàin.

Mu dheireadh, chuireadh ìmpidh orm,
Leis a' chiad fhoillseachadh san sgeilp.
An deò do sholais, a shoilleirich
Na dàin eile ann an sreath.
Clachan mo rann-chàrn.

Sluagh-ghairm nam bàrd-gaisgeach.
Ghabh mi thugam fhìn
Dè cho luachmhòr an strì.
Sheas sinn mar ìomhaighean laocha
Eadar colbhan Talla Elphinstone.

Fhuair an crùn ath-lìomhachadh
Is dheàrrsaich e san adhar liath,
An aghaidh sgàil glòir an t-Sabhail,
Is rìoghachd Teviot Mhòir.
Fiu 's corp an easbaig a dh'fhairich e.

Aon uair 's gun do chuir mi
Seann leabhar an làmhan earbsach,
Bha fios a'm, gun laigheadh ar ainmean
Is gum fosgladh an rathad dhachaigh
Uaireigin do shìor-chàirdean.

Is an rathad cian a thug mi do
Bhaile Mhorgan is Mhic 'Ille-Bhàin,
Far an do shiubhail mi gu ciùin o
Choille Shomhairle gu bearradh,
Fad astar beag dà chòmhdaich.

Sometimes there were sign-posts,
Tests to overcome.
The days when the gale,
from the New World was disloyal and,
Seemed to rain down on me alone.

But eventually, I was galvanised,
By the first publication on the shelf,
And the rays of your light that
Illuminated the other poems in series.
The stones of my phrase-cairn.

The battle-cry of hero-bards.
It became clear,
The worth of the struggle.
We stood like warrior statues
Between the columns of Elphinstone Hall.

The crown got a new polish,
And it shone, out of the silver sky,
Against the Barn's overshadowing spectre,
And the majesty of Teviot Halls.
Even the bishop's cadaver felt it.

Once I'd placed the old tome,
Into trustworthy hands, I knew,
In it our names would lie, eternal,
And the road, open, to our return,
Sometime, forever friends.

And I took an unknown road,
To the city of Whyte and Morgan,
Where I journeyed calmly,
From the wood to the ridge of Sorley,
The distance; that between the covers.

Le cùmhant snaighte air mo chliabh,
Chuir mi romham do chleachdadh son sìth.
Gun cuirear eagal is fearg fada bhuam.
Gum bristinn bannan mo chuinge.
Gun sgrìobhainn dàn dod làrach nam chridhe.

With a covenant carved on my chest,
My decision; to use you for reconciliation,
To send fear and anger away,
To break the cords that bind me,
And to write in praise of your place in my heart.

Tòcaichean

Gun ach na duilleagan
Bàn-dhearga, a' nochdadh tron cheò,
A cheileas na geugan Lùnastail.

Nam sheasamh air an staidhre,
Far an stad mi an-còmhnaidh, is mi
Sa bhlàths.
Le mo thoit.
A' cur teine ris, gu slaodach.

Tha na guthan nam cheann
Ann an deasbad a chèile.
Eadar eòlas is tuigse, cha bhi
Crìochnachadh air an strì.

A' tarraing mo theanga,
Srùbair gach uile a-staigh:
Bàrdachd, balaich, batailean, bruthadh...

Tokes

Only the pink petals are
Disclosed, through the
Haar, that veils August's branches.

Stood on the stairs,
Where I stop every day.
In the heat.
With my fag.
Putting flame to it slowly.

The head-voices, there
Mid-dispute, together.
Between knowledge and insight,
They'll not settle their differences.

Retractions of tongue
Draw it all inside me.
Bardistry, boys, barneys, bothering...

Am Bàrd

Do Mhàrtainn Mac an t-Saoir.

Thug e mo làmh na làimh-san
Is b' e sin an dàimh.

B' e sin an gealladh gum bithinn
Air mo stiùireadh
Tro choille m' fhaclan gu abhainn mo bhrìgh.

Gum faigheamaid na seudan,
A' boillsgeadh tron ghrùid
Is gun sgioblaicheamaid is gun òrdaicheamaid iad,
Airson tuigse-uisge a ruith orra, gu soilleir.

Chòrd mo bhàrdachd ris
Nuair a bha e na chraoibh mhaoil,
Leis na sìtheanan beaga, brisg air.

Fo an do sheas mi dearg-rùisgte,
Mar Shuibhne.
Deiseil ri leum.

The Poet

For Martin MacIntyre.

He took my hand in his hand
And that was the connection.

That was the promise
That I would be led,
Through the wood of my words to the river of my meaning.

That we'd find the jewels,
Glinting through the sediment
And that we'd shine them and set them
For the water of reason to run over them, clean.

He liked my poems
When they were bare, like the branches
With their brittle wee blossoms.

Beneath which I stood, nude,
Like Sweeney.
Ready to leap.

Aideachaidhean

Chaidh rianaichean na bàrdachd a leanas fhoillseachadh anns na h-irisean seo:

Caol-shràid: *Octavius*, 1 (2012)
                                             Antizine, "Monster"(2012)
Dùn Èideann   *An Guth*, 7 (2012)
Às do dhèidh   *Cabhsair*, Vol. 1, No. 1 (2011)
Nam aonar am measg do chàirdean   *Poetry Scotland*, "Seventy" (2011)
Uisge Teth   *Irish Pages*, Vol. 6, No. 1 (2011)
Thall Thairis   *Northwards Now*, No. 21, (2012)
Eilthireachd bho Ghlaschu   *Cabhsair*, Vol. 3, No. 2 (2012)

Bu mhath leis an sgrìobhaiche agus an deasaiche taing shònraichte mhòr a thoirt don dhearbhaiche, Chatrìona Mhoireach, Lodaidh MacFhionnghuin, Màrtainn Mac an t-Saoir agus Màiri NicChumhais bho Chomhairle nan Leabhraichean, airson an taice agus cuideachaidh.

Dealbhan

Chaidh na dealbhan uile a thogail is a dheasachadh le Iain Ros, ach a-mhàin, Caol-shràid agus Aisling Ghaoil a chaidh a thogail le David Ramsay agus a dheasachadh le Iain Ross.

'S e Stephanie Durward a dhealbhaich ìomhaigh an leòmhainn Cheiltich.

Acknowledgements

Versions of the following poems were published in these journals or periodicals:

Caol-shràid	Octavius, 1 (2012)
	Antizine, "Monster" (2012)
Dùn Èideann	An Guth, 7 (2012)
Às do dhèidh	Cabhsair, Vol. 1, No. 1 (2011)
Nam aonar am measg do chàirdean	Poetry Scotland, "Seventy" (2011)
Uisge Teth	Irish Pages, Vol. 6, No. 1 (2011)
Thall Thairis	Northwards Now, No. 21, (2012)
Eilthireachd bho Ghlaschu	Cabhsair, Vol. 3, No. 2 (2012)

The writer and editor would especially like to thank the proof-reader Catrìona Murray, Lews MacKinnon, Martin MacIntyre and Màiri MacCuish from the Gaelic Books Council, for their help and support.

Photographs

Photographs were taken and edited by Iain Ross, apart from Caol-shràid and Aisling Ghaoil which were taken by David Ramsay and edited by Iain Ross.

The drawing of 'Mark's Lion' is the work of Stephanie Durward.

Buidheachas do:

Mo phàrantan, Tèrag Mhic an Tuairneir agus Peadar Mac an Tuairneir.

Mo sheanairean, Doireann Mhic Spealáin, Seán Pádraig Mac Spealáin, Mairéad Mhic an Tuairneir agus Philip Mac an Tuairneir.

Iomadach dhuine a chuir taic rium:

Alain Thiry, Alison NicRath, Anna Karbowska, Anna MhicDhiarmaid, Anna Stiùbhart, Anndra Mac 'Ille-Dhuinn, AnnMarie di Mambro, AnnMarie Snowden, Ashley Powell, Aurélie Stutz, Buidheann Sgrìobhaichean Ghlaschu, Càirdean, Co-obraichean, Clann is Coimhearsnachd Bhun-sgoil Innis an Uillt, Cairstìona MhicChonghail, Caitlín NicChròin, An t-Oll. Caoimhín Ó Donnghaíle, An t-Oll. Cassie Smith-Christmas, Dr. Catriona Miller, Chris Dolan, Ciorstaidh NicLeòid, Club Gàidhlig Obar Dheathain, Coisir Bhaile a' Ghobhainn, Comann Ceilteach Oilthigh Obar Dheathain, Comhairle Dhùn Bhreatann an Ear, Comhairle nan Leabhraichean, Conradh na Gaeilge, Crìsdean Mac 'Ille-Bhàin, Dolina Mhoireasdan, Donna MhicRisnidh, Donna NicNèill, Eleanor Wood, Emma Thompson, English Martyrs' RC School (mar a bha), Fionnghuala Ros, Dr. Gonzalo Mazzei, Institiùd Rannsachadh agus Eòlas na h-Èireann is na h-Alba, Ionad Foghlaim Fad Beatha Oilthigh Shrath Chluaidh, Jacqui NicLeòid, John Storey, Dr. Julia Biggane, Kaeli Wishart, Karen Mitchell, Kerry Mitchell, Jessica Warnier, Lodaidh MacFhionnghuin, Lily Thurner, An t-Oll. Lindsay Milligan, Lisa van Biljon, Lorcán de Buitléir, Lyn Johnson, An t-Oll. Mairead Bennett, Mairead NicEacharna, Mairead Niclòmhair, Màiri Johnston, Màiri Morley, Màiri NicChumhais, Maria Dengate, Marianne Alexander, Marie Seljehaugh Johansson, Màrtainn Mac an t-Saoir, Mary Reid, Meg Bateman, An t-Oll. Michelle NicLeòid, Mòrag Stiùbhart, An t-Oll. Moray Watson, MG Alba, Dr. Nerea Arruti, Nicola Ní Charthaigh, PJ Lynch, Radio Ciùil Cheiltich is luchd-èisteachd mo phrògraim, 'Buille', Raonaid Harris, Raonaid Lincoln, Rhiannon Jackson, Robyn MacNamara, Rody Gorman, Roinn Ceiltis is Gàidhlig Oilthigh Obar Dheathain, Roinn Spàinntis Oilthigh Obar

Dheathain, Sara Richardson, Seònaid NicDhòmhnaill, Simon Cleary, Sita Carr-Hill, Steph Durward, Vicky Frost, Dr. Wayne Price, York Theatre Royal.

Deasaichean nan iris a leanas:

Octavius, Antizine, An Guth, Cabhsair, Poetry Scotland, Irish Pages agus Northwards Now.

Luchd-ealain tàlantach:

Iain Ros agus Dàibhidh Ramsaidh airson dhealbhan cho bòidheach.

Y a Gonzalo, por su paciencia sin fin.

Agus mu dheireadh:

Gach duine a dh'ionnsaich dhomh agus bhuam.

Suas leis a' Ghàidhlig!

Marcas Mac an Tuairneir

Inbhir Nis, An t-Sultain, 2013.

Mun Sgrìobhaiche

Rugadh Marcas Mac an Tuairneir anns an t-Samhain 1984, ann an Eabhraig, Sasainn agus thogadh e ann an teaghlach a bha eòlach an dà chuid air dualchas na sgìre agus dualchas Èireannach an dàrna ginealaich. Thòisich fhoghlam ann am Bun-sgoil nam Martarach Sasannach agus Àrd-sgoil nan Uile Naomh, Eabhraig far an robh e air a bheò-ghlacadh le cànan agus litreachas.

Chaidh e a dh'Alba ann an 2003, gus foghlam a leantainn ann an Colaiste an Rìgh, Oilthigh Obar Dheathain, far an do cheumnaich e, ann an 2008, le ME le Urram an Gàidhlig agus Spàinntis agus MLit ann an Eòlas na h-Èireann is na h-Alba ann an 2010.

Chaidh e a Ghlaschu ann an 2011 far an do cheumnaich e le ME ann am Ficsean Telebhisein, le taic bho MG Alba, ann an Oilthigh Albannach Ghlaschu.

Bha e ag obair s an Taigh-Chluiche Rìoghail, Eabhraig, fhad 's a bha e ris an fhoghlam. Às dèidh sin bha e an sàs ann an an roinn foghlaim na Gàidhlig ag obair do ghrunn bhuidhnean; Comhairle Dhùn Bhreatann an Ear, Oilthighean Shrath Chluaidh agus Alba an Iar agus Bun-sgoil Innis an Uillt, Achadh an Easbaig nam measg.

'S e seo a' chiad chruinneachadh bàrdachd aige. Chaidh a sgrìobhadh le taic bho Chomhairle nan Leabhraichean agus an sgeama oideachaidh aca, fo stiùireadh an ùghdair is a' bhàird Màrtainn Mac an t-Saoir. Chaidh na dàintean aige fhoillseachadh ann an grunn irisean agus chaidh fear aca a thaghadh airson geàrr-liosta na farpais bàrdachd an Choirnéil Eoghain Uí Néill ann an 2013. Tha e ag obair air an dàrna cruinneachadh bàrdachd, duanaire de bhàrdachd Ghàidhlig a' chiad linn air fhichead, dà nobhail agus sgriobt dràma telebhisein Cho-sgrìobh e an dealbh-cluiche *Take Me if You Need Me*, a nochd aig an Òran Mhòr, Glaschu ann an 2011.

Bidh Marcas a' fuireach ann an Inbhir Nis, far a bheil e na bhall de Chòisir Inbhir Nis. Tha ùidh mhòr aige ann am bàrdachd, dràma agus litreachas, san fharsaingeachd, ceòl ùr agus traidiseanta agus air sòisio-chànanachas agus na mìon-chànanan. Bidh e ag obair mar Oifigear Eadar-lìn agus Fiosrachaidh do Bhòrd na Gàidhlig.

Airson fiosrachadh a bharrachd, theirig gu www.marcasmac. co.uk agus www.facebook.com/MarcasMac

About the Writer

Mark Spencer-Turner was born in November, 1984, in York England. He was brought up in a family steeped in the local area and of second-generation Irish heritage. He began his education at English Martyrs' RC Primary School and All Saints' Secondary School, York, where he found a deep love of language and literature.

He travelled to Scotland in 2003 to continue his education at Kings College, University of Aberdeen, where he graduated in 2008 with an MA Hons in Gaelic and Hispanic Studies and in 2010 with an MLitt in Irish and Scottish Studies.

We moved to Glasgow in 2011 where he graduated, with the support of MG Alba, with an MA in Television Fiction from Glasgow Caledonian University.

Whilst studying, he worked for many years at York Theatre Royal and later was involved in Gaelic Education, working for various bodies; including East Dunbartonshire Council, the Universities of Strathclyde and the West of Scotland and Meadowburn Primary School, Bishopbriggs.

This is his first collection of poetry, and was written with the support of the Gaelic Books Council and under their tutelage scheme, supervised by the Gaelic author and poet Martin MacIntyre. Many of his poems have been published in journals and periodicals, one of which was shortlisted for the *Coirnéil Eoghain Uí Néill* poetry competition in 2013. He is currently working on a second collection of poetry, an anthology of twenty-first century Gaelic poetry, two novels and a telelvision drama script. He co-wrote the play *Take Me if You Need Me* that was performed at the Òran Mòr, Glasgow in 2011.

Mark lives in Inverness, where he is a member of *Inverness Gaelic Choir.* He has a great interest in poetry, drama and literature in general, music both modern and traditional and sociolinguistics and minority languages. He works as Internet and Information Officer for *Bòrd na Gàidhlig.*

For further information, please refer to www.marcasmac.co.uk and www.facebook.com/MarcasMac